# VIETNAMESE
## animal alphabet

# Windy Pham

# Bảng chữ cái tiếng việt

| | | |
|---|---|---|
| Aa<br>(a) | Ăă<br>(á) | Ââ<br>(ớ) |
| Đđ<br>(đờ) | Ee<br>(e) | Êê<br>(ê) |
| Kk<br>(ca) | Ll<br>(lờ) | Mm<br>(mờ) |
| Ơơ<br>(ơ) | Pp<br>(pờ) | Qq<br>(quy) |
| Uu<br>(u) | Ưu<br>(ư) | Vv<br>(vờ) |

# Vietnamese Alphabet

| | | |
|---|---|---|
| **Bb** (bờ) | **Cc** (cờ) | **Dd** (dờ) |
| **Gg** (gờ) | **Hh** (hờ) | **Ii** (i ngắn) |
| **Nn** (nờ) | **Oo** (o) | **Ôô** (ô) |
| **Rr** (rờ) | **Ss** (sờ) | **Tt** (tờ) |
| **Xx** (xờ) | **Yy** (i dài) | |

# Aa

# Ăă

trăn

python

# Ââ

trâu
buffalo

# Bb

bò

cow

# Cc

cua

crab

# Ee



swallow

# Êê

# Dd

dê

goat

# Đđ

đà điểu

ostrich

# Gg

gà

chicken

# Hh

hổ
tiger

# Ii

chim

bird

# Kk

khỉ

monkey

# Ll

lợn
pig

# Mm

mèo
cat

# Nn

nai
deer

# Oo

ong

bee

# Ôô

tôm

shrimp

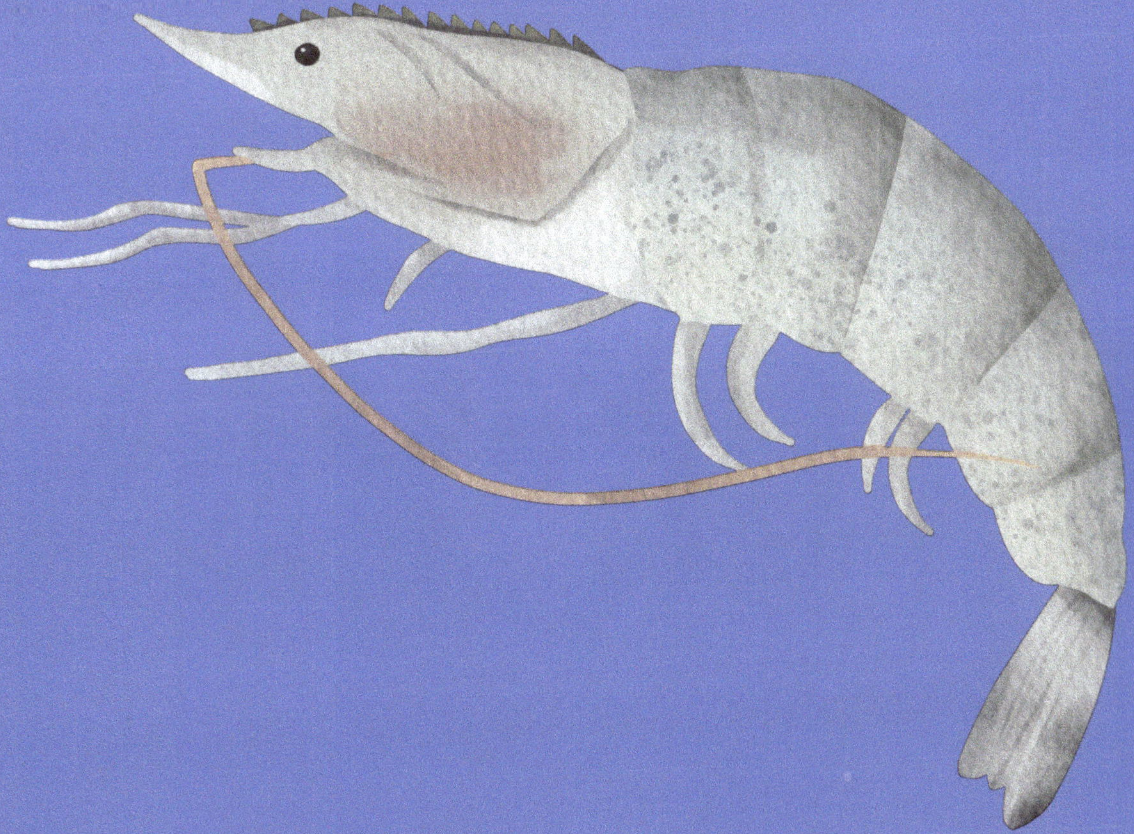

# Ơơ

đơi

bat

# Pp

cá mập

shark

# Qq

quạ
crow

# Rr

rắn

snake

# Ss

sư tử
lion

# T t

thỏ
rabbit

# Uu

rùa

turtle

# Ư ư

cừu

lamb

# Vv

vo

elephant

# Xx

xiếc thú

circus

# Yy

gà tây
turkey

# Vietnamese Animal Alphabet

A  Ă  Â  B  C  D

Đ  E  Ê  G  H  I 

K  L  M  N  O  Ô 

Ơ  P  Q  R  S  T 

U  Ư  V  X  Y 

# meet
# WINDY

Meet Windy Pham, your storyteller and the creative mind behind this book. As a proud Vietnamese-American and a mom of an adorable little one, Windy has embarked on a journey of learning Vietnamese with her daughter. She hopes to help parents make language learning a fun activity for their bilingual kiddos. Let's dive into a world of Vietnamese wonders and celebrate our amazing cultures!

If you enjoyed this book, please leave a positive review. Your kindness and support are greatly appreciated!